Herstellung und Verlag:
Books on Demand GmbH, Norderstedt.
ISBN-13: 978-3-8370-4487-4
3. Auflage, 2010

Bibliografische Information der Deutschen Nationalbibliothek
Die Deutsche Nationalbibliothek verzeichnet diese Publikation in der Deutschen Nationalbibliografie; detaillierte bibliografische Daten sind im Internet über http://dnb.d-nb.de abrufbar.

Ausstieg

Heike
Kessel

Einladung zu
Gedanken und Gedichten
aus dem Alltag

Heike Kessel,

1967 geboren in Düsseldorf, lebt in Hamburg,
schreibt ihre Eindrücke jedoch überall auf der Welt.
Besonders die Ferne lässt sie stets zurückkehren zu
den Tiefen der Seelen.
Ein Notizbuch ist ihr ständiger Begleiter.
Auf ihren vielen Reisen gibt es unzählige Gedanken,
die entdeckt und festgehalten werden wollen.

Ausstieg,
auf dem Weg zum Inneren…
… und was es damit auf sich hat.

Durch die überraschend faszinierende Entdeckung
der Vielfältigkeit eines Reiskornes, welche ich auf
einer Vietnamreise kennen lernte, fasste ich den
Entschluss meine Gedanken und Gedichte zu
ver-öffentlichen (bewusste Schreibweise).

Oder wissen Sie, wie vielseitig ein Reiskorn ist?
Man muss ihn öffnen (ent-kernen), um seine
Gesamtheit zu entdecken.
Kann es denn Zufall sein, dass nebenan 4-blättriger
Klee wächst?

Öffnen auch Sie sich und gelangen Sie zu Ihrem
inneren Kern.
Lassen Sie sich inspirieren, durch die Vielseitigkeit
unseres Herzens, der Gedanken und wie sich
Wünsche, Träume und Gefühle miteinander
ergänzen, um das zu sein, was sie ausmacht:

Sie selbst !

Danksagung

Ausstieg,
auf dem Weg zum Inneren...

Ich danke meiner Mutter, die mich unwissend
ermutigt hat Gedanken niederzuschreiben, sowie
den Menschen, die mich durch ihre Begegnungen
ebenso dazu inspiriert haben.

Mein besonderer Dank gilt Andreas und Ric.
Doch besonders Boris, von dem ich lernte das
Leben mit anderen Augen zu sehen und hoffte, mir
persönlich viele Gelegenheiten zu geben, zeigen zu
können, was mein Herz gelernt hat !

In Liebe,
Heike

Ausstieg,
   auf dem Weg zum Inneren...

Auf der Suche nach innerer Ruhe ist die Gedicht-
sammlung *Ausstieg* ebenso gewachsen wie ich.
Höhen und Tiefen zu durchwandern ist das, was uns
gleichzeitig freut, als auch belastet, Grenzen setzt
oder formt. Ohne scheinbar unendlicher Momente
der Sehnsucht nach Liebe und Freude, doch auch
Ertragen von Schmerz, wäre es nicht möglich gewe-
sen das Leben so zu sehen wie es ist:
spannend, hart wie ein Reiskorn;
ebenso süß und zart gleich einem Überraschungsei:
man muss die Verpackung entfernen und genießen
bevor es in der Hand zerschmilzt.

Ein Jeder kann bestimmen wann er mit dem Auspa-
cken beginnt, um seine Vielseitigkeit zu entdecken.

Mit diesem Buch lade ich Sie ein mit mir einzutau-
chen, in eine Welt der Gedanken und Gedichte.

Ihre
Heike Kessel

Das Leben ist wie ein Überraschungsei.
Du musst es auspacken, damit Du weißt was es enthält.
Wartest Du zu lange kann es statt süß ranzig schmecken...
...und manchmal schmilzt es auch dahin.

Vergangenheit

Wir leben ein Leben tagein, tagaus,
denken wenig darüber nach, *was machen wir
daraus*.

Eher unzufrieden über etwas, was uns nicht passt,
wie hoch ist die Messlatte der Ansprüche,
ein unendlicher Mast?

Oft zu spät erkennen wir, dass das, was wir hatten,
es war, was wir suchen,
doch rückwirkend lässt es sich leider nur unter
„Vergangenes" verbuchen

Haltbarkeit

Unachtsam verschlingst Du die Zeit,
konsumierst unkontrolliert, zu vielem bereit.
Erlebst unterschiedliche Situationen und Stunden,
in denen Du Leid und Freude gefunden.

Manch Freund ging diesen Weg an Deiner Seite,
obgleich heute nur noch Gedanken aneinander sind
von Weite.
Damals es gab Dir Schutz und manchen Halt,
doch festhalten, kann man es nicht mit Gewalt.

Weiterentwickeln heißt auch Veränderung,
stetiger Neuanfang,
Leben erleben mit neuem Elan und Drang.
Dennoch, was nie vergeht zwischen dem Menschen,
Dir und dieser Zeit:
die Gedanken daran unterliegen in Deinem Kopf
der eigenen Haltbarkeit.

Zähes Luder

Tage und Stunden, sie kommen und gehen,
viele versucht sie mit Gelassenheit zu neh'm.
Unendliche Momente, Situationen sind hart,
man sagte ihr immer: Kleine, Du musst seien stark.

Sie versucht dem Leben so gut es geht zu trotzen,
ohne großen Widerstand oder gar rum zu motzen.
Sie versucht zu nehmen wie es kommt,
das Schicksal, das Leben,
mal lachend, mal weinend eben.

Es ist erstaunlich wie fröhlich sie weiter ist,
da sie versucht Träume zu leben, ganz gewiss.
Facetten hat sie viele zu bieten, ganz ungeschminkt
und ohne Puder,
sie ist es tatsächlich: ein zähes, doch liebes Luder.

Regentropfen

Des Nachts höre ich sie deutlich und laut,
die Regentropfen klopfen ans Fenster, nicht auf meine
Haut.
Es knackt und knistert überall an den Wänden,
und doch scheine ich sie zu spüren mit den eigenen
Händen.

Ich komm nicht zur Entspannung, finde keinen Schlaf,
dabei ist die Ruhe mein großer Bedarf.
Ich rieche Deinen Geruch, spür Deine Wärme,
die Sehnsucht danach dreht mir alle Gedärme.

Irgendwann verfall ich in unruhige Träume,
träume Böses unter dem Schutz der Bäume.
Von einer Hochzeit im indischen Stamm,
die Frau soll gezähmt werden zu einem gefügigen Lamm.

Morgens erwache ich in durchgeschwitztem Gewand,
meine Augen sind unterzogen von deutlichem Rand.
Ich höre den Wind, das Wellenrauschen vom weit
entfernten Strand
und wieder spüre ich etwas mit meiner eigenen Hand.
War es der Regen, der heute Nacht tropfte,
oder gar meine Tränen, mein Herz, was so laut pochte?
Ich bin erstaunt, stelle fest, dass es mich quält,
wenn Du nicht in meiner Nähe bist,
wie sehr mir etwas fehlt.

Ausverkauf der Sterne

Zufällig sah ich Dich am Himmelstern,
ein heller Punkt, welcher mir grell entgegen-
leuchtete.
Ich ging hinaus, um Dich näher beobachten zu
können.
Dein Funkeln und Glitzern verzauberten mich.
Jeden Abend suchte ich Dich und den Zauber
erneut.
Ich vergaß Zeit und Raum bei Deiner Betrachtung
und lernte dabei Deine vielen Facetten kennen,
schöpfte Kraft und Stärke Dinge einmal anders zu
betrachten.
Euphorisch strotzte ich dem Alltagsgeschehen.
Schon häufig hatte ich von einem solchen Glück
gehört,
doch bislang vergebens gesucht.
Wie gern würde ich dieses Glück als *Mein* benennen,
also machte ich mich auf, um Dir meine Liebe zu
überbringen.
Doch am Himmelszelt angekommen war eine lange
Schlange vor mir
und als ich an der Reihe war, war dort ein Schild zu
lesen

„Tut uns leid, Sterne ausverkauft"

Ein Lachen,

Die kürzeste Entfernung zwischen der Menschheit.
2 Augen, 1 Blick, sozusagen ein Augen-Blick, der
gar nicht so weit.
Wir halten den Kontakt, was nicht entspricht
der Anstands-Norm.
Der Mund bleibt geschlossen, doch sehe ich
Grübchen sich form'.
Das Gefühl schlägt über zu mir,
Du gibst etwas preis von Dir.
Die Augen werden schmaler, Dein Lächeln ist
deutlich zu seh'n.
Ohne Worte weiß ich genau: Du willst mit mir
weitergeh'n....

Gedanken

Die Gedanken kreisen, sie stehen nicht still,
man fragt sich was man selbst oder
gar ein Anderer will.
Sie umkreisen die Fragen, die Antworten,
die man nicht hören mag;
dennoch, sie bringen die Wahrheit an den Tag.
Gerne würde ich sie weiter denken zu klären
manchen Punkt der offen,
gleichzeitig such ich den Abstellknopf,
da sie mitten ins Herz getroffen.

Wendepunkt

Du tanzt auf der Welle ganz oben,
möchtest nie wieder herunter auf den Boden,
genießt die Wogen der Liebe und Lust,
als hättest Du es nie anders gewusst.

Im nächsten Moment es Dich eiskalt erfasst,
so dass Du innerlich reglos erblasst.
Deine Wärme wirkt plötzlich eisig und kalt,
als seien die Gefühle überholt und alt.

Dreh Dich um, geh weg, mach dem Ganzen ein Ende,
bevor es nimmt eine respektlose Wende.
Genug ist genug,
alles andere wäre Betrug.

Aufgewacht

Mit dem ersten Atemzug die Spuren der Nacht
vertrieben,
die erste Handbewegung tastet nach Deinem
Körper.
Mit dem ersten Augenaufschlag Dich erblickt,
das erste Strecken der Glieder nur um Dich zu
umarmen.

Wohl sein,
tiefes Empfinden von Zufriedenheit durchfließt mich
und breitet sich aus zu einem Strom von
Kraft.

Die Träume der Nacht
sind beendet und doch fangen sie gerade erst an
wahr zu werden.

So aufzuwachen
ist wie das Leben jeden Tag
neu zu beginnen.

Aufwachen,...
eben
einfach
LEBEN...

Traumhaft

Vier Augen, ein Blick, ein Augenblick.
Wir sehen uns an und halten den Kontakt mit
Geschick.
Dein Mund ist geschlossen,
doch ich sehe Deine Augen und Mundwinkel zu
Grübchen
sich formen verdroschen.
Worte sind nicht notwendig,
ich fange Deinen Blick auf und weiß was ge-
meint ist.

Es tastet verlegen eine Hand,
ein Kuss, der schmeckt, die Zunge bewegt sich
gewandt.
Ein warmer Körper, die Lust nach zarter Haut
ist erwacht,
mehr noch, die Leidenschaft ist entfacht.

Wir schmiegen uns an,
verlieren jegliches Gefühl von Zeit und Raum
im Bann...

Der Horizont endet an der Bettkante,
ich schlage die Augen auf
und stelle fest Du bist da.

Doch nicht nur ein Traum....

Muscheln am Strand

Muscheltier am Stand, zugeklappt und klein,
wollt nicht länger alleine sein.

Genoss es umwogen zu werden, in den Wellen zu reiten,
sich nur von ihrem Gefühl zu leiten.

Genoss noch mehr die Verbindung Wasser und Sonne,
nahm jede dieser Stunden mit Freude und Wonne.

Sie wuchs heran, wurde größer und stark,
noch immer nicht allein sein vermag.

Eines Tages am Strand sie auseinandergeklappt,
manch Kinder beinah auf ihr herum getrappt.

Wunderschön, ihr Glanz, ihre Farben,
so gefunden von einem jungen Knaben.

Er trug sie heim, betrachtet sie skeptisch von allen
Seiten,
liebevoll, doch immer wieder, denkt er an andere Zeiten.

Gemeinsam er möchte schwimmen mit ihr in weite Ferne,
ihre Welt sehen, mit ihren Augen, mehr als gerne.

Es nicht geht, sie sind zu verschieden, doch konnten sie
es nicht erkennen,
- oder wussten es und wollten es nicht beim Namen
nennen...

Sonnenuntergang

Ein Sonnenstrahl, kurze Zeit lichterloh entflammt,
tief ins Herz getroffen und eingebrannt.
Obwohl vorhanden, die Schatten des Dunkeln man
wollte nicht sehen,
denn allzu gern man möchte weiter im
Sonnenstrahl stehen.

Purpurfarbener Ritter

Zu Beginn ganz nett, ein richtiger Galan,
man ist wie benommen, so wie im Tran.

Er stellt Fragen, schreibt lang und schöne Dinge,
hört zu,
so vergeht die Zeit gemeinsam wie im Nu.

Man fühlt sich geliebt, wohl umsorgt und heim-
gekehrt,
findet zurück zu seinem eigenen Wert.

Nach kürzester Zeit ist's oft schon vorbei,
Dein Tun und Handeln sind ihm Einerlei.

Vergessen wird nach Deinem Befinden zu fragen,
wichtiger sind ihm seine Aktivitäten auszutragen.

Sicher, Du stets bist ein gern gesehener Gast,
doch vieles geschieht mit viel zu viel Hast.

Die Bestätigung Deines Daseins für ihn,
ist was Dir fehlt
und was für uns Frauen doch so viel zählt.

Zwischen Herz und Verstand

„Wie geht es Dir?", höre ich Dich fragen,
„Gut", möchte ich am liebsten sagen.
In Wirklichkeit ist mir übel und schlecht,
warum weiß ich nicht so recht.
Du bist zu sehr in meinen Gedanken,
was gibt meinem Verhalten gewisse Schranken.
Mir hallen Deine Schritte im Ohr,
ich stelle mir manch erlebte Situation mit Dir vor.
Ich möchte Dich sehen, fühlen und küssen,
anstatt hier alleine herumliegen zu müssen.
Doch offensichtlich soll es so sein,
dass ich es nicht bin, die ‚Dein'.
Insgeheim, ich wünschte zu sein mit Dir am selben
Ort,
wissend das Schlimmste ist das *un-augesprochene*
Wort.
Vielleicht ist Deine Sehnsucht genauso stark,
aus Unsicherheit oder Angst Du es vor mir verbarg.
Vielleicht jedoch Du denkst genau umgekehrt,
dann ist jeglicher Gedanke an Dich im Herzen nichts
mehr wert.
Gedanken sind frei, man es im Volksmund nennt,
ein Glück das keine Grenzen kennt.
Ich möchte sie behalten im Herz und im Kopf,
…..und suche verzweifelt den Umschaltknopf.

Stillstand

Ich sehe all die verletzten Seelen,
sie irren umher
Auch Du gehörst dazu…

„Komm doch mit ins Leben…"
Das ist es was ich will,
denn die Welt – sie steht nicht still.

Wir verbrauchen Tage mit Überlegungen,
planen Urlaube lang voraus,
doch Wichtiges tun wir nicht aus dem Bauch,
oft löst es sich auf in Rauch.

„Komm doch mit ins Leben…"
Das ist es was ich will,
denn die Welt – sie steht nicht still.

Würdest Du endlich verstehen:
Was Du an Liebe brauchst,
kann ich allein nicht geben,
was ich an Liebe geben kann,
ist für Dich allein zu viel.

Niemand hat gesagt, dass das Leben einfach ist,
doch es sollte keine Tortur sein.
Hast Du versucht es richtig zu genießen?
Oder machst Du Dir es unnütz schwer?
Sei ehrlich,
Du hast es weder forciert, noch ausprobiert.

„Komm doch mit ins Leben…"
Das ist es was ich will,
denn die Welt – sie steht nicht still.

Seele im Schlepptau

Jemanden kennen zu lernen ist das Eine,
Jemanden zu entdecken und ihn schätzen
zu lernen das Andere.
Ihn gehen lassen zu müssen,
ungewiss auf ein Wiedersehen
ist wie gefesselt sein ohne Ketten.

Erst später bemerkte ich wie gut es tat
durch den Regen zu laufen.
Ich spürte die Nässe nicht,
denn sie bedeckte meine Tränen,
die mir die Schnittwunden meiner Seele
hinterließen.

Verbundene Augen
oder **Der Blindenhund**

Mit verbundenen Augen taste ich ab,
fühle Dein Gesicht und sehe es vor mir.

Mit verbundenen Augen fühle ich Deinen Körper
und zeichne ihn in Gedanken nach.

Mit verbundenen Augen spüre ich Deine Hände auf
meiner Haut,
ich spüre Deine Küsse und Deinen Duft ausströmen.

Mit verbundenen Augen lasse ich hemmungslos der
Phantasie freien Lauf, denn die Erotik steigt
empor.

Mit verbundenen Augen verschwindet die Umge-
bung,
wir genießen die Sinne und tauchen ein in den
Schwebezustand.

Mit verbundenen Augen werden unsere Körper eins,
zärtlich, warm, weich, doch wild und verlangend.

Mit verbundenen Augen?
Doch meine Augen sind nicht verbunden:

Ich verschließe sie,
denn die Wahrheit sieht ganz anders aus.

Parfum

(für Heilbronn oder andere Dienstreisen)

Stunden verstreichen schnell, ganze Tage im Fluge
vergehen,
wann werden wir uns wohl wieder sehen?
Gern man versucht viel Zeit zu teilen,
am liebsten man würde oft miteinander verweilen.

Doch ein bisschen Abstand wir brauchen
von Zeit zu Zeit,
sind es nicht gewöhnt zu sein so viel zu Zweit.
Dennoch genießen wir unsere Aufmerksamkeit sehr,
den Anderen nicht fühlen können, gar küssen,
fällt manchmal schwer.

Drum ist danach ein Wiedersehen schöner,
sogar doppelt,
wenn Entbehrung mit Lust und Liebe gekoppelt.
Wird die Zeit bis dahin zu lang nimm ein Kleider-
stück beiseite,
Deinen Geruch zu riechen lässt Dich nah sein
bei mir,
anstatt zu wissen Dich in der Weite.

Einkauf über den Wolken

Schwerelos gleiten wir über den Wolken dahin,
sehen die Sonne ebenso wie den Mond,
den Sonnenuntergang und die aufgehenden Sterne.
Deine Musik wirkt beruhigend,
während Seen, Felder und Wiesen sich wie Puzzleteile
zusammenfügen und den notwendigen Ausgleich
schaffen.

Es ist bedeckt;
unzählige Formen zeigen die Wolken und
während ich darüber nachdenke warum man auf ihnen
nicht gehen kann, sehe ich, dass Du mir einen Teppich
aus Wolken hinterlassen hast.

Ich fühle mich wie gebettet,
schwerelos und federleicht träume ich mich in das Reich
der Weichheit.
Eine Gasse wird sichtbar und gibt den Blick auf einen
Fluss frei.
Er bahnt sich seinen Weg durch die Natur, wie sich
Gedanken durchsetzen.

Unaufhaltsam sind sie stärker als der Wille.
Dein Herz ist voll von Sehnsucht.
Ich sehe wie besorgt Du bist und versuchst zu lächeln.
Doch Du kannst es versuchen so oft Du willst,
glücklicher wirst Du dadurch nicht.
Nirgendwo steht es beschrieben,
nirgends, ist es käuflich.
Du musst es leben.

Einkauf über den Wolken,
oft zum greifen nah,
doch meist können wir die Schrift auf der Verpackung
nicht lesen.

Wochenlang

4 Wochen vergangen wie im Flug,
für mich ist's noch lange nicht genug,
würde gern mehr davon haben,
mich an Deiner Wärme und Nähe erlaben.

Genießen möglichst die Zeit zu zweit,
solang ein Jeder von uns ist dazu bereit.
Es gibt ihn nicht, den Garant für Gefühl und
Zeit,
doch ich hoffe sehr bis dahin ist es noch weit.

Hab Dank für das Zeigen Deiner Gefühle für
mich,
drum möchte ich sagen:

Danke für Dich !

Flick Flack oder Blütenduft

Ich habe an Deinem T-shirt gerochen,
hätte mich am liebsten ganz darin verkrochen.
Du scheinst mir nah, anstatt so fern,
wäre jetzt bei Dir, würde Dich küssen so gern.

Es geht gerade nicht, muss leider warten,
wie die Rosen auf Regen im Garten.
Doch wenn die Blüten aufgesogen das
Wasser wie Liebessaft,
das Warten auf Wiederholung erhält ganz
andere Kraft.

Man weiß wofür, warum und auch für wen,
es fällt nicht schwer, geschieht fast von alleine
diesen Weg zu geh'n.
Es ist beeindruckend was passierte aus einem
– sagen wir mal - Flirt,
ich bin gespannt wie es weitergeht mit Deinem
Shirt.

Auf der Reise nach Nirgendwo

Schneller, schneller, immer weiter
Tag ein, Tag aus, wir konsumieren den
Alltag und spüren es nicht.
Du weiß nicht mehr wie es ist zu genießen,
erleben was Freude heißt ist längst vergessen.
Liebe ein Zauberwort, gelesen im Wörterbuch,
doch weißt du was es wirklich heißt?
Du nimmst eine Auszeit und verreist ohne Ziel
zu vergessen was alles Dich belastet.
Abschalten, verarbeiten oder doch verdrängen?
Ein Dauerlauf gegen Dich selbst?
Angekommen in der Ferne beginnst Du zu suchen,
hast beinah alles ausgepackt,
die Koffer sind leer, doch kannst Du mich nirgends
finden.
Gibt es einen Speicherplatz für`s Herz?
Niemand weiß wie es (dr)innen aussieht
Wie viel kann ein Herz ertragen und wann spürt es
seine Grenzen?
Es ist überfüllt mit unendlicher Leere.
Du läufst herum und suchst nach Erkenntnis,
versuchst die Gedanken zu sammeln und ordnen,
als ob Struktur Dein Problem lösen würde.
Es ist der Wunsch endlich zu finden wonach Du
suchst,
der Dich herumtreiben lässt und ruhelos macht.
Doch sieh Dich um und öffne die Augen,
vielleicht ist Dein Glück zum Greifen nah.
Dreh Dich rum und lasse los,
was sein soll, dass kehrt zurück.
So wie die Wolken, als ob zum greifen nah,
fern die Sonne und doch spürst Du ihre Wärme.
Letztlich:

Im Herzen gibt es keine Entfernung.

Sinnlosigkeit

Weil Du nicht weißt, wie Du bist, gemäß dem Motto
‚wie gewonnen, so zerronnen‘.
Weil Du nicht weißt, was Du fühlst, läufst Du davon.
Weißt weder warum, noch wohin,
Selbst nicht mit welchem Sinn.

Währenddessen bleibe ich zurück,
Fühle mich wie ein nutzloses Stück.
Studiere lustlos zum Schutz eine ungewollte Rolle ein,
Weil ich weiß, wie ich fühle und fühle mich sehr allein.

Währenddessen begreife ich, was ich liebe,
Auch, warum Du läufst, wie ein Motor ohne Getriebe.

Bettgeflüster

Du schmiegst Dich an mich
und ich genieße die Wärme Deines Körpers.
Ich liebkose Deine Knospen,
liebe Deine Haut mit beiden Händen.
Das Verlangen wird größer
die Sinne schreien nach Begehren,
denn Deine Lenden zittern vor Lust.
Vertrautheit macht sich breit und ersetzt
jeglichen Gedanken von Distanz und Fremde.

Während wir Eins sind im Reich der Ekstase
vergesse ich für einen Augenblick,
dass ich nicht zu dir gehöre
und frage mich im Anschluss
wie lange ich es noch aufrecht erhalten kann:

„Die Lüge im Bett"

Nur ein Gedanke

Du kamst auf mich zu wie eine Schneeflocke
vom Himmel,
leise, sanft und ohne Vorwarnung
und es war, als ob Du Dich auf meine Nasen-
spitze setzt, um mich anzulächeln.

Nur ein Gedanke....
Immer öfter denke ich Hals über Kopf an Deine
Leichtigkeit mit der Du mir begegnest,
doch heute erscheint es, als ob ich Deine
Schritte höre.

Nur ein Gedanke....
In meinen Träumen möchte ich mit Dir
Schneemänner bauen,
lachen und albern sein wie ein kleines Kind.
Ich sehe Dein Gesicht vor mir wie von Eiskris-
tallen umgeben.

Nur ein Gedanke....
Doch Du bist in ihm, Du bist in meinem Kopf.
Dort drinnen ist Freiheit, ein Glück, dass keine
Grenzen kennt.
Und ich weiß: das schlimmste Gefängnis sind
unausgesprochene Worte.
Warten ist Rost für die Seele.

Nur ein Gedanke....
..... der mich fesselt
Mein Verstand sagt: hab Geduld.
Kleiner Gedanke....
Ich weiß nicht woher Du kommst und doch bist
Du mir nah.
Ich würde gerne wieder Dein Kribbeln auf
meiner Nase spüren.
Spüren, wie Du Dich anfühlst, ob Dein Zauber
schmilzt,
wenn ich versuche von Dir zu kosten.

Nur ein Gedanke, nur 1 einziges Mal;
doch vielleicht ist einmal nicht genug
        und es ist mehr als *nur ein Gedanke....*

Überfällig

Untertitel: Mindesthaltbarkeitsdatum

Die Zeit sie tickt, viel zu häufig Du bist unzufrieden.
Was hast Du nur so lange getrieben?
Das Haltbarkeitsdatum der Beziehung längst über-
schritten,
doch Du verweilst bei unerfüllten Zielen genau in den
Mitten.
Wo es nichts zu holen gibt Du jagst sinnlos hinterher,
fühlst Dich benutzt und leer danach umso
mehr.
Es passt einfach nicht, Du spürst es
sehr,
doch willst es nicht einsehen, gibst es einfach nicht her.

Glaubst Du denn wirklich an Liebe auf den ersten Blick?
Es hat etwas zu tun mit Beständigkeit und Geschick.
Oft reicht ein Blick an dieser Stelle
nicht aus,
Du solltest versuchen Dinge so zu nehmen und machen
mehr daraus.
Dein Ziel sollte sein zu behandeln Deinen teuersten
Herzenswunsch besonders gut,
Und nicht ihn zu treten mit Füßen und aller Enttäuschung
durch Wut.
Gib Dir Zeit oder gib es
auf,
Dinge nehmen sonst ohne Dich ihren eigenen
Lauf....

Happy End der Belastbarkeit

Du sagtest, Du kennst nicht Dein Ziel, läufst los,
einfach so.
Alles von Dir habe ich nun ausgepackt,
zuerst fühlte es sich an wie regelrecht abgehackt.
Ich suchte nach Dir und konnte Dich nicht finden,
natürlich, Menschen lassen sich nicht anbinden.
In meinem Herzen gibt es nach wie vor
einen Speicherplatz,
für Dich, da ich Dich nennen möchte weiterhin
meinen Schatz.
Wie es darin aussieht, dass weiß nahezu niemand,
denn wem ich mich öffne, habe ich in der Hand.
Doch alles hat seine Grenzen, zu viel kann
niemand ertragen,
ich musste es einfach, nach unserem gemeinsamen
Ziele fragen.

Mein Herz ist überfüllt mit gähnender Leere,
dennoch, ich frage nicht „was, wenn es
anders wäre?"
Ich bin glücklich, dass ich nun Gewissheit habe,
und mich nicht mehr quält diese Zukunftsfrage.

Unter uns Kaufleuten

365 Tage hat ein Jahr.
Kaufmännisch gesehen wird somit ein Monat mit der Zahl
30,42 angesetzt.
Aufgeteilt in Stunden sind es 730,08 oder sogar
43.804,80 Minuten pro Monat.

43.804,80 Minuten pro Monat.
Was für eine Zahl....
Wie viele davon hast Du mich bisher begleitet?

Und welches Ergebnis würde unsere Bilanz im
Soll-/Ist-Vergleich auswerfen?

Bilanztabelle für's Herz

Stichtag:

mitten im Jahr, plötzlich und unerwartet

Soll	Haben
Liebe	Manchmal
Geborgenheit	Flucht
Freude, Lachen	Tränen
Vertrauen	Lügen
...	...
Zu wenig	Zu viel

Gesamt

für's Herz

Plötzliche Entdeckung

Vom Strand, ist er den meisten Menschen wohl
bekannt,
im Wasser, er Freunde findet als auch Hasser.
In manch Aquarium, ziert er auch die Speisekarte,
auf dem Teller man ihn betrachtet aus einer
anderen Warte.
Tatsächlich, das Wasser ist sein Lebensort,
doch er pflanzt sich noch ganz anders fort.
Er nagt und frisst an Dir, manchmal Du merkst es
kaum,
dennoch kann es werden für den Ein- oder Anderen
zum Alptraum.

Rechtzeitig erkannt, kann er entfernt werden, für
immer verbannt?
Hoffnung tragen, heißt es in schweren Stunden,
wie kommt man weiter im Leben, über die Runden?
Diese Frage sich nie stellt, den Gesunden.

Ahnungslos hast Du gelebt, aufgeschoben Deine
Träume recht weit,
der Weg und das Ziel hatten noch lange Zeit.

Plötzlich das Leben kann beginnen zu wackeln, wird
manchmal schneller als lieb recht wage,
denn wie man sieht:

ein jeder damit rechnen muss, zu bekommen die

Krankheit
Krebs heutzutage.

Medizinische Entwicklung ist nicht nur eine Sage,
das Leben geht weiter, ohne Frage.
Vertrau Dich an guten Ärzten und Wissen,
Du allein kannst es nicht schaffen, er ist sehr
gerissen.

Doch Du kannst ihn besiegen, stärker sein als er,
sag ‚*ja*' zur inneren Gegenwehr.
Kannst sehen das Leben mit neuen Augen, geben
einen anderen Sinn,
warum also noch warten auf dessen Beginn.

Eine 2. Chance man hat Dir gegeben,
sie ist hier und jetzt, drum sag ‚*Hallo*' zum Leben.
Genieße den Tag, manch Stunde nur,
doch sei gewiss des Genusses pur!

Navigation

Eingestiegen bist Du schon vor langer Zeit.
Du fährst und fährst, immer dem Weg nach,
es ist noch weit.

Hast einfach einprogrammiert Dein Ziel,
blindes Vertrauen in Dein Navigationsgerät,
das ist schon viel.

Es wird Dich sicher lotsen dorther,
vielleicht keine Schleichwege, sondern über
Umwege ein paar Kilometer mehr,
doch ohne Stress und ohne Stau.

Nach und nach, die Ungeduld sie steigt,
denn ankommen möchtest Du, ist es noch weit?
Schließlich weißt Du den Namen des Ziels
– nur nicht wo oder wie Du dorthin kommen
willst.
Plötzlich, mittendrin im Nirgendwo, fallen aus
alle Systeme, ohne Vorwarnung und
unvermittelt. Völlig unbequem.
Allein auf Dich gestellt? Orientierung?

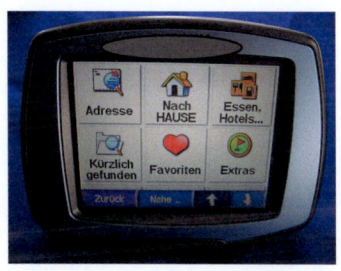

Osten, Süden, Westen, Nord,
oben, unten, alles an einem anderen Ort.
Du erkennst plötzlich Farben und Wege,
erinnerst Dich und bedauerst die Missachtung
der Gedankenpflege.

Doch erkennst manches wieder, wie einfach es
doch sein kann,
die Leichtigkeit der Route, ohne Schild und
Navi, ohne Steuermann.

Man hätte anders fahren müssen, zu spät,
doch klar erkannt,
um das leichte Ziel zu kriegen,
warst Du zu gebannt.

Plötzlich ein Schild, nächste Ausfahrt musst Du
raus, kannst Du es noch kriegen:

zum Ziel bitte schnell abbiegen !!

Zur Miete

Während ich durch die Strassen ging und die
Leute beobachtete fiel mir auf, dass ich etwas
fürs Leben suchte.
Und das, obwohl ich zwar mit großer Vorkennt-
nis, doch mich ohne Ziel auf den
Weg begeben hatte.
Etwas Festes. Einen Ort, an dem ich immer
bleiben, an dem ich Ruhe finden konnte.
Eigentlich hatte ich etwas zur Miete gesucht.
Von Zeit zu Zeit blieb ich stehen und dachte
über diese Leute nach.
Kleine Kinder, Pärchen, Singles und allein
stehende alte Menschen.

Es war alles enthalten:
Unbeschwertheit, Lachen, Lieben und auch
Trübsal und Einsamkeit.

Ich fragte mich was es ausmacht, das Leben.
Wonach sucht man eigentlich die meiste Zeit?
Und warum überhaupt?
Warum fällt es uns so schwer den Tag zu
leben?

Zwänge, Anforderungen, gesellschaftliche
Skrupel müssen
regelrecht abgearbeitet werden,
das Lachen bleibt dabei oft stecken, wie ein
Kloß im Hals.
Mal eben schnell noch dies und jenes,
verschoben wird allzu gerne.

Unverhofft, doch eines Tages wurde ich eines
Besseren belehrt:
Es geht, Lachen und Spielregeln lassen sich
sehr wohl
kombinieren.
Halte ein und belausche die Gespräche
zwischen Deinem
Bauch und Herz.
Du wirst erstaunt sein wie plötzlich Dein Kopf
überstimmt wird
und er einsieht, dass beide Recht haben:

Leben kann man nicht mieten !

Lost in translation
oder
Freiraum für Fehlinterpretation

Nachdem ich Deine Nachricht abgerufen habe
war ich hilflos, leer und schwer,
wusste nicht in welche Richtung Deine Gedan-
ken und Gefühle gehen,
Ob oder wie wir uns jemals wieder sehen.

‚Wie viel kann ein Herz ertragen?‘
– lässt mich mein Kopf fragen.
Manchmal wächst meine Angst ich könnte et-
was Dummes anstellen;
habe Angst vor mir selbst, möchte mich anbel-
len...

Später an meinem Grab erklärst Du,
es war etwas ganz anderes gemeint und hast
endlos geweint...

Meine Interpretation deiner ausbleibenden Wor-
te sei falsch,
die Zustimmung der Gefühle schnürte Dir bloß
zu den Hals.

HALLO....

Herr-lich oder ehrlich

Wann ist eine Beziehung herr-lich oder ehrlich?
Sind es immer die Frauen, die scheinen sich zu
verändern...?

Zu Beginn besteht Interesse an der weiblichen
Person,
Mann hört zu, stellt Fragen, greift zu Mail und
Telefon,
Ist aktiv, witzig, über charmant bis galant,
Solange bis die Frau frisst ihm bald aus der Hand.

Auf einmal hören viele dieser Dinge auf,
Wie ist ‚Er' denn plötzlich drauf?
Was hat ihn vorher so liebenswert gemacht,
War es (m)ein Traum, bin ich einfach aufgewacht?

Er schien das Ziel anzusteuern wie besessen,
Doch dort angekommen hat er das Hinweisschild
wohl vergessen.

Mein lieber Herr, sei doch von Anfang an ehrlich,
Dann wird es um's Herz auch Niemanden gefährlich.

Bleibende Erinnerungen

Was bleibt, wenn Du gehst… ?

Die Erinnerung an
zarte Küsse, leidenschaftlichen Sex,
zärtliche Nähe und die Sehnsucht nach
Deiner Hand,
wenn ich nachts wach werde.

Andererseits ist die Erinnerung an
Unmut, Ärger,
Missverständnisse und Lügen.
Gründe, warum es nicht harmoniert hat
zwischen uns.

Nun, da Du fort bist und ich wieder genieße
ich selbst zu sein,
stellt sich die Frage:

Was geht, wenn Du bleibst…. ?

Hinterlassenschaft

Zu Beginn ein einfacher Blick, der erwidert wurde.
Es folgte ein Lachen, ein Wort und das Interesse
wurde geweckt.
Die Neugier lies nicht vermuten was man entdeckt.
Man dachte ein paar schöne Stunden miteinander zu
verbringen
- und nicht das Erwartete zu übertreffen.

Vorsichtig tastet man sich vor,
darf man dieses, kann man jenes?
Die Gedanken setzen ihre eigenen Grenzen,
während ich feststelle,
dass Du mir eine große Hinterlassenschaft über-
geben hast
und ich mich frage was ich nun damit anfange:

    Deine Spur in meinem Herzen !

Pausenclown

Trommelwirbel, Spitzenrock, Pappnase und
Pausenclown,
einmal unbeschwert auf den Putze hau'n.
Gesichter mit Wangen wie ein Kinderlachen,
Augen, die strahlen und sagen „gleich noch
einmal machen".".

Du findest einen Ball und schnappst ihn auf,
beginnst zu spielen damit, es nimmt seinen
Lauf.
Du tobst Dich aus wie Katz und Maus,
lässt ungezwungen alles aus Dir heraus.

Auch wenn zu süß Dir ist die Zuckerstange,
den Spaß genießen willst Du noch lange.
Drum hältst Du es fest in Deinen Gedanken,
selbst wenn der Alltag bringt manches ins
Wanken.

In schweren Momenten drück einfach
auf den Umschaltknopf,
Dein Zirkuszelt ist die Manege im Kopf.

Machtkampf

Du sagst *Ja*, meinst jedoch **Nein**,
ich halte still, es aus, stattdessen könnte ich
schrein'.
Die Spannung ist deutlich zu spüren,
es könnte sogar zum Eklat führen.

Warum machst Du die Dinge so groß,
statt zu sagen, einfach reden was los?
Was hindert Dich Gefühle, Gedanken preis zu ge-
ben,
gehören sie nicht zu Deinem Leben?

Wie soll ich Dich kennen lernen, Teile von Dir,
behandelst Du mich als Mensch oder Tier ,
wie soll sich formen ein gemeinsames ‚*Wir*'?
Bei guter Laune die Leine ist lang,
gemeinsam ein Stücke weitergehen,
ansonsten habe ich geduldig bei Fuße zu stehen?

Sich offen zu geben manchmal lästig und
kann an die Nerven gehen,
drum scheint es besser, wenn wir uns nicht immer
sehen.
Doch es geht darum mit dem Herzen zu sehen und
nicht um Kampf,
alles andere ist unnütz und Krampf.

Gewinn- und Verlustrechnung

Wenn es wirklich so sehr an Dir frisst,
mach Dir Erlebtes ganz gewiss.
Authentisch sein, dass ist hier die Frage,
alles andere für Jeden wird zur Plage.

Manch Geste, Blick oder gar ein Wort,
dann sind Gefühle am richtigen Ort.
Wenn aber Angst, Ungewissheit an Dir nagen,
tust Du besser dran es schnell zu sagen.
Verschwend nicht unnütz Deine Energie,

wer will schon gerne falsche Sympathie?
Gefühle sind zum Leben da,
gehören weder eingesperrt, nur offen und wahr.
Tag ein, Tag aus kontrollieren wie weit Du gehen kannst,
es schnürt Dich selbst ein am eigenen Wanzt.

Du erst spürst was Du hattest am Anderen, wenn er fort,
vielleicht er dann ist an einem für Dich unerreichbaren
Ort.
Gesteh Dir ein Dein wahres Gefühl,
warum reagierst Du sonst so oft so kühl?

Ob gut, ob schlecht empfunden, das ist nicht wichtig,
zu wissen, es fühlen, es leben, das ist richtig.
Tief Ersehntes bestätigt sich als angenehm,
magst Du den Weg einmal weiter gehen.

Lass los den Gedanken „beim öffnen es rafft Dich dahin",
erst mal ausprobiert merkst Du es ist ein Zugewinn.

Freunde

Viele Begegnungen Du hast im Leben,
die Ein oder Andere wird Dir etwas geben.
Ein mancher, ist erst Bekannter,
später vielleicht Arbeitsfreund,
Du ihm nach und nach mehr Platz hast eingeräumt.

Im Laufe der Zeit Freunde kommen und gehen,
begleiten Dich ein Stück im Leben,
unwissend des Zeitpunktes oder des Wie des Wieder-
sehen.

Mit dem Einen Du kannst diskutieren,
der Nächste eher zum philosophieren,
Bei jeder Feier vielleicht stets dabei (D)ein Dritter,
oder es ist gar befreiend zu haben mit dem Vierten
ein Streitgewitter.
Ein Weiterer Dich vielleicht mal braucht zum moralischen
Überwintern,
ein Anderer Dich bei Antriebschwäche auch treten darf
in den Hintern.
Lachen und Weinen man nicht kann, gar mag, mit Jeder-
mann,
wer sagt, dass ich es einfach kann?

Ein Jeder hat seine Charakterstärke, das Pro und Contra
im Leben,
Jeder ist anders, nicht weniger wert eben.
Freundschaften muss man leben, manchmal überprüfen,
daran arbeiten oder gar ausmerzen,
doch ein mancher hinterlässt eine Spur und will sagen

„Schön, dass es Euch gibt" von ganzem Herzen.

Sie haben es geschafft !

Vielleicht konnte ich Sie durch meine Worte inspirie-
ren manche Dinge anders zu betrachten.
Vielleicht lassen Sie sich auch einfach beglückwün-
schen zu einem Schritt zum Kern:

Willkommen im
„ICH"

 Lassen Sie sich treiben und denken daran:

Das, was in uns steckt, tragen wir immer bei uns,
egal an welchem Ort.

Heike Kessel
© Hamburg, 2008
Books on Demand GmbH, Norderstedt

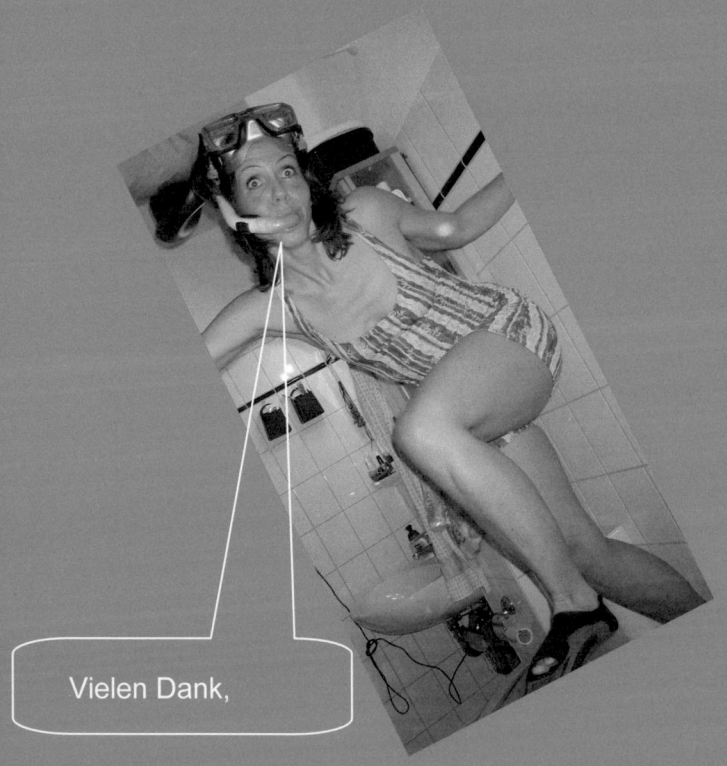

Vielen Dank,

dass Sie mit mir eingestiegen und -getaucht sind in den
ersten Teil der Welt, der Gedanken und Gedichte.
Behalten Sie diese Brille auf, um die schönen Dinge des
Lebens zu sehen.

Die Entscheidung der Gedichtauswahl war schwer,
erfahrungs- , als auch lehrreich.
Ich lade Sie ein, zu einer Fortsetzung mit **Band 2***,
in dem Dinge mit anderen Augen betrachtet werden.

Ihre
Heike Kessel

* erhältlich seit Herbst 2008

Inhaltsverzeichnis Gedanken und Gedichte

Vielen Dank,
    dass Sie mit mir Ihre Zeit geteilt haben.

Raum für Ihre eigenen Notizen....

_____

_____

_____

_____

_____

_____